www.ingramcontent.com/pod-product-compliance
Lightning Source LLC
LaVergne TN
LVHW010404070526
838199LV00065B/5890
9789369083664

جاگ دردِ عشق جاگ

(منتخب فلمی نغمے)

راجیندر کرشن

مرتبہ : اعجاز جبید

© Taemeer Publications LLC

Jaag dard-e-Ishq Jaag *(Film poetry)*

by: Rajendra Krishan

Edition: May '2025

Publisher :

Taemeer Publications LLC (Michigan, USA / Hyderabad, India)

ISBN 978-93-6908-366-4

9 789369 083664

مصنف یا ناشر کی پیشگی اجازت کے بغیر اس کتاب کا کوئی بھی حصہ کسی بھی شکل میں بشمول ویب سائٹ پر اَپ لوڈنگ کے لیے استعمال نہ کیا جائے۔ نیز اس کتاب پر کسی بھی قسم کے تنازع کو نمٹانے کا اختیار صرف حیدرآباد (تلنگانہ) کی عدلیہ کو ہوگا۔

© تعمیر پبلی کیشنز

کتاب	:	**جاگ دردِ عشق جاگ** (فلمی نغمے)
مصنف	:	**راجندر کرشن**
صنف	:	شاعری
ناشر	:	تعمیر پبلی کیشنز (حیدرآباد، انڈیا)
سالِ اشاعت	:	۲۰۲۵ء
صفحات	:	۱۰۲
سرورق ڈیزائن	:	تعمیر ویب ڈیزائن

فہرست

انار کلی	3
جہاں آرا	20
خاندان	38
آؤ پیار کریں	42
نئی روشنی	44
بھروسہ	46
شہنائی	49
سنگ دل	54
عدالت	56
بھائی بھائی	62
دیکھ کبیرا رویا	66

ایک کلی مسکائی	69
انتقام	71
میں چپ رہوں گی	73
پوجا کے پھول	81
پڑوسن	83
نئی روشنی	87
فلم چمپا	89
ساقی	91
بہار	92
آزاد	94
البیلا	96

انار کلی

موسیقی : سی رام چندر
آواز : لتا منگیشکر

مجھ سے مت پوچھ مرے عشق میں کیا رکھا ہے
ایک شعلہ ہے جو سینے میں چھپا رکھا ہے
مجھ سے مت پوچھ مرے عشق میں کیا رکھا ہے

داغ دل داغ جگر داغ تمنا لے کر
میں نے ویران بہاروں کو سجا رکھا ہے
مجھ سے مت پوچھ مرے عشق میں کیا رکھا ہے

ہے زمانہ جسے بیتاب مٹانے کے لئے

میں نے اس یاد کو سینے سے لگا رکھا ہے
مجھ سے مت پوچھ مرے عشق میں کیا رکھا ہے

دیکھنے والے مجھے درد محبت کی قسم
میں نے اس درد میں دنیا کو بھلا رکھا ہے
مجھ سے مت پوچھ مرے عشق میں کیا رکھا ہے
★★★

آواز : لتا منگیشکر

دعا کر غم دل ، خدا سے دعا کر

دعا کر غمِ دل خدا سے دعا کر

وفاؤں کا مجبور دامن بچھا کر

دعا کر غم دل ، خدا سے دعا کر

جو بجلی چمکتی ہے ان کے محل پر

وہ کر لے تسلی ، مرا گھر جلا کر

دعا کر غم دل ، خدا سے دعا کر

دعا کر غم دل خدا سے دعا کر

سلامت رہے تو، میری جان جائے

سلامت رہے تو، میری جان جائے

مجھے اس بہانے سے ہی موت آئے

کروں گی میں کیا چند سانسیں بچا کر

دعا کر غم دل، خدا سے دعا کر

دعا کر غم دل، خدا سے دعا کر

میں کیا دوں تجھے میرا سب لٹ چکا ہے

دعا کے سوا میرے پاس اور کیا ہے

دعا کے سوا میرے پاس اور کیا ہے

غریبوں کا ایک آسرائے خدا ہے

غریبوں کا ایک آسرائے خدا ہے

مگر میری تجھ سے یہی التجا ہے

نہ دل توڑنا دل کی دنیا بسا کر

دعا کر غمِ دل، خدا سے دعا کر

دعا کر غمِ دل، خدا سے دعا کر

وفاؤں کا مجبور دامن بچھا کر

دعا کر غمِ دل، خدا سے دعا کر

★★★

آوازیں : ہیمنت کمار، لتا منگیشکر

ہیمنت : جاگ درد عشق جاگ،

جاگ درد عشق جاگ

دل کو بے قرار کر،

چھیڑ کے آنسوؤں کا راگ

جاگ درد عشق جاگ

جاگ درد عشق جاگ

جاگ۔۔۔، جاگ۔۔۔

لتا منگیشکر : آ آ۔۔۔

کس کو سناؤں داستاں

کس کو دکھاؤں دل کے داغ

جاؤں کہاں کہ دور تک

جلتا منگیشکر نہیں کوئی چراغ

جلتا منگیشکر نہیں کوئی چراغ

راکھ بن چکی ہے آگ

راکھ بن چکی ہے آگ

ہیمنت : دل کو بے قرار کر، چھیڑ کے آنسوؤں کا راگ

جاگ درد عشق جاگ، جاگ ۔۔۔

ہیمنت : ایسی چلی ہوا غم، ایسا بدل گیا سما-۲

روٹھ کے مجھ سے چل دئے...

روٹھ کے مجھ سے چل دئے، میری خوشی کے کارواں

ڈس رہیں ہیں غم کے ناگ

دونوں : جاگ درد عشق جاگ، جاگ درد عشق جاگ

دل کو بے قرار کر، چھیڑ کے آنسوؤں کا راگ

جاگ درد عشق جاگ، جاگ۔۔۔

ہے : آنکھ ذرا لگی تیری، سارا جہان سو گیا

یہ زمین سو گئی، آسمان سو گیا

سو گیا پیار کا چراغ

جاگ، جاگ، جاگ، جاگ

***

آواز : لتا منگیشکر

اس انتظارِ شوق کو جنموں کی پیاس ہے
اک شمع جل رہی ہے ، سو وہ بھی اداس ہے

محبت ایسی دھڑکن ہے ، جو سمجھائی نہیں جاتی
محبت ایسی دھڑکن ہے ، جو سمجھائی نہیں جاتی
زباں پر دل کی بے چینی ، کبھی لائی نہیں جاتی
زباں پر دل کی بے چینی ، کبھی لائی نہیں جاتی
محبت ایسی دھڑکن ہے

چلے آؤ، چلے آؤ، تقاضا ہے نگاہوں کا

چلے آؤ، چلے آؤ، تقاضا ہے نگاہوں کا

تقاضا ہے نگاہوں کا

کسی کی آرزو ایسے تو ٹھکرائی نہیں جاتی

کسی کی آرزو ایسے تو ٹھکرائی نہیں جاتی

محبت ایسی دھڑکن ہے، جو سمجھائی نہیں جاتی

محبت ایسی دھڑکن ہے، جو سمجھائی نہیں جاتی

محبت ایسی دھڑکن ہے

میرے دل نے بچھائے ہیں جو سجدے آج راہوں میں

میرے دل نے بچھائے ہیں جو سجدے آج راہوں میں

سجدے آج راہوں میں

جو حالت عاشقی کی ہے وہ بتلائی نہیں جاتی

جو حالت عاشقی کی ہے وہ بتلائی نہیں جاتی

محبت ایسی دھڑکن ہے، جو سمجھائی نہیں جاتی

محبت ایسی دھڑکن ہے، جو سمجھائی نہیں جاتی

محبت ایسی دھڑکن ہے

★★★

آواز: لتا منگیشکر

میری تقدیر مجھے آج کہاں لائی ہے

شیشہ شیشہ جہاں میرا ہی تماشائی ہے

مجھے الزام نہ دینا میری بیہوشی کا ۔۔ آ

مجھے <ہچکی> الزام نہ دینا میری بیہوشی کا

میری مجبور محبت کی یہ رسوائی ہے

<ہچکی>

محبت میں ایسے قدم ڈگمگائے

زمانہ یہ سمجھا کے ہم پی کے آئے

<ہچکی> پی کے آئے

محبت میں ایسے قدم ڈگمگائے

زمانہ یہ سمجھا کے ہم پی کے آئے

<ہچکی> پی کے آئے

جسے کام ہو رات دن آنسوؤں سے

جسے کام ہو رات دن آنسوؤں سے

اسے حکم یہ ہے ہنسے اور ہنسائے

اسے حکم یہ ہے ہنسے اور ہنسائے

زمانہ یہ سمجھا کے ہم پی کے آئے

<ہچکی> پی کے آئے

چھپو گے کہاں تک نظر تو ملاؤ

نظر تو ملاؤ، نظر تو ملاؤ

چھپو گے کہاں تک نظر تو ملاؤ

تمہاری بلا سے میری جان جائے

تمہاری بلا سے میری جان جائے

زمانہ یہ سمجھا کے ہم پی کے آئے

<ہچکی> پی کے آئے

کسی کی محبت میں مجبور ہو کر

کسی کی محبت میں مجبور ہو کر

ہم ان تک تو پہنچے، وہ ہم تک نہ آئے

ہم ان تک تو پہنچے، وہ ہم تک نہ آئے

زمانہ یہ سمجھا کے ہم پی کے آئے

<ہچکی> پی کے آئے

وہ جن کے لئے زندگانی لٹا دی ~~ای ~~ای

وہ جن کے لئے زندگانی لٹا دی

یہ بیٹھے ہوئے ہیں میرا دل چرائے

یہ بیٹھے ہوئے ہیں میرا دل چرائے

زمانہ یہ سمجھا کے ہم پی کے آئے

<ہچکی> پی کے آئے

محبت میں ایسے قدم ڈگمگائے

زمانہ یہ سمجھا کے ہم پی کے آئے

<ہچکی> پی کے آئے

***

آواز : ہیمنت کمار

زندگی پیار کی دو چار گھڑی ہوتی ہے

چاہے تھوڑی بھی ہو یہ عمر بڑی ہوتی ہے

تاج یا تخت یا دولت ہو زمانہ بھر کی

تاج یا تخت یا دولت ہو زمانہ بھر کی

کون سی چیز محبت سے بڑی ہوتی ہے

کون سی چیز محبت سے بڑی ہوتی ہے

زندگی۔۔۔

دو محبت بھرے دل خاک دھڑکتے ہو جہاں

دو محبت بھرے دل خاک دھڑکتے ہو جہاں

سب سے لمبی وہ محبت کی گھڑی ہوتی ہے

سب سے لمبی وہ محبت کی گھڑی ہوتی ہے

زندگی۔۔۔

★★★

جہاں آرا

موسیقی : مدن موہن

آوازیں : طلعت محمود، لتا منگیشکر

طلعت : اے صنم آج یہ قسم کھائیں
مڑ کے اب دیکھنے کا نام نہ لیں
پیار کی وادیوں میں کھو جائیں
اے صنم آج یہ قسم کھائیں

لتا : اے صنم آج یہ قسم کھائیں
فاصلے پیار کے مٹا ڈالیں
اور دنیا سے دور ہو جائیں
اے صنم آج یہ قسم کھائیں

لتا : اس محبت کے سوا اور نہ کچھ یاد رہے
عشق دنیا کی تمناؤں سے آزاد رہے
طلعت : تیری آنکھوں کے سوا زندگی اور ہے کیا
تیری چاہت کا نشہ، بے خودی اور ہے کیا
اے صنم آج یہ قسم کھائیں

لتا : جس طرف جائیں بہاروں کے سلام آئیں گے
آسمانوں سے بھی رنگین پیام آئیں گے
طلعت : تیرا جلوہ ہے جہاں، میری جنت ہے وہاں
تیرے ہونٹوں کی ہنسی، سو بہاروں کا سماں
اے صنم آج یہ قسم کھائیں

لتا : اپنا ایمان فقط اپنی محبت ہوگی
ہر گھڑی عشق کی ایک تازہ قیامت ہوگی

طلعت : دیکھ کر رنگ وفا مسکرائے گا خدا
اور سوچے گا ذرا، عشق کیوں پیدا کیا
عشق کیوں پیدا کیا

عشق کیوں پیدا کیا

دونوں : اے صنم آج یہ قسم کھائیں
مڑ کے اب دیکھنے کا نام نہ لیں
پیار کی وادیوں میں کھو جائیں
اے صنم آج یہ قسم کھائیں

***

آوازیں : محمد رفیع ، سمن کلیان پور

رفیع : بعد مدت کے یہ گھڑی آئی
آپ آئے تو زندگی آئی
عشق مر مر کے کامیاب ہوا
آج اک ذرہ آفتاب ہوا

سمن : شکریہ اے حضور آنے کا
وقت جاگا غریب خانے کا
اک زمانہ کے بعد دید ہوئی
عید سے پہلے میری عید ہوئی

رفیع : عید کا چاند آج دیکھا ہے
عید کا کیوں نہ اعتبار آئے
ہاتھ اٹھا کر دعا یہ کرتا ہوں،

عید پھر ایسی بار بار آئے

رفیع : دن زمانہ کا رات اپنی ہے
اس گھڑی کائنات اپنی ہے
عشق پر حسن کی عنایت ہے
میرے پہلو میں میری جنت ہے

سمن : فاصلے وقت نے مٹا ہی دئے
دل تڑپتے ہوئے ملا ہی دئے
کاش اس وقت موت آ جائے
زندگانی پہ آ کے چھا جائے

دونوں : بات مدت کے یہ گھڑی آئی
آپ آئے تو زندگی آئی
***

آواز : لتا منگیشکر

حال دل یوں انہیں سنایا گیا
آنکھ ہی کو زباں بنایا گیا
حال دل یوں انہیں سنایا گیا

زندگی کی اداس راتوں کو
آپ کی یاد سے سجایا گیا
حال دل یوں انہیں سنایا گیا

عشق کی وہ بھی ایک منزل تھی
ہر قدم پر فریب کھایا گیا
حال دل یوں انہیں سنایا گیا

لاکھ طوفاں سمیٹ کر یا رب
اس لئے ایک دل بنایا گیا
حال دل یوں انہیں سنایا گیا
آنکھ ہی کو زباں بنایا گیا
حال دل یوں انہیں سنایا گیا

***

آواز : طلعت محمود

میں تری نظر کا سرور ہوں،
تجھے یاد ہو کہ نہ یاد ہو
ترے پاس رہ کے بھی دور ہوں،
تجھے یاد ہو کہ نہ یاد ہو
میں تری نظر کا سرور ہوں،

تری زلف ہے میرا ہاتھ ہے
کہ تو آج بھی میرے ساتھ ہے
ترے دل میں میں بھی ضرور ہوں،
تجھے یاد ہو کے نہ یاد ہو
میں تری نظر کا سرور ہوں،
***

آوازیں : آشا، لتا منگیشکر

جب جب تمہیں بھلایا تم اور یاد آئے
جاتے نہیں ہے دل سے اب تک تمہارے سائے
جب جب تمہیں بھلایا تم اور یاد آئے
تم اور یاد آئے

تم سے بچھڑ کے ہم نے دل کو بہت سنبھالا
گلشن میں یہ نہ بہلا صحرا میں بھی ستائے
جب جب تمہیں بھلایا تم اور یاد آئے
تم اور یاد آئے

چھائے رہیں نظر میں تیری زلف کے اندھیرے
کئی آفتاب چمکے کئی چاند جگمگائے

جب جب تمہیں بھلایا تم اور یاد آئے
تم اور یاد آئے

مرنے کی آرزو میں ہم جی رہیں ہیں ایسے
جیسے کہ لاش اپنی خود ہی کوئی اٹھائے
جب جب تمہیں بھلایا تم اور یاد آئے
تم اور یاد آئے
***

آواز : محمد رفیع

کسی کی یاد میں دنیا کو ہیں بھلائے ہوئے
زمانہ گزرا ہے اپنا خیال آئے ہوئے
کسی کی یاد میں دنیا کو ہیں بھلائے ہوئے

بڑی عجیب خوشی ہے غم محبت بھی
ہنسی لبوں پہ مگر دل پہ چوٹ کھائے ہوئے
کسی کی یاد میں دنیا کو ہیں بھلائے ہوئے

ہزار پردے ہوں پہرے ہوں یا ہوں دیواریں
رہیں گے میری نظر میں تو وہ سمائے ہوئے
کسی کی یاد میں دنیا کو ہیں بھلائے ہوئے

کسی کے حسن کی بس اک کرن ہی کافی ہے
یہ لوگ کیوں میرے آگے ہیں شمع لائے ہوئے
کسی کی یاد میں دنیا کو ہیں بھلائے ہوئے

زمانہ گزرا ہے اپنا خیال آئے ہوئے
***

آواز : طلعت محمود

پھر وہی شام وحی غم وحی تنہائی ہے
دل کو سمجھانے تیری یاد چلی آئی ہے
پھر وہی شام وحی غم وحی تنہائی ہے

پھر تصور ترے پہلو میں بٹھا جائے گا
پھر گیا وقت گھڑی بھر کو پلٹ آئے گا
دل بہل جائے گا آخر یہ تو سودائی ہے
پھر وہی شام---

جانے اب تجھ سے ملاقات کبھی ہو کہ نہ ہو
جو ادھوری رہے وہ بات کبھی ہو کہ نہ ہو
میری منزل تری منزل سے بچھڑ آئی ہے
پھر وہی شام---
***

آواز: طلعت محمود

ترا غمخوار ہوں، لیکن میں تجھ تک آ نہیں سکتا
میں اپنے نام تیری بیکسی لکھوا نہیں سکتا

تری آنکھ کے آنسو پی جاؤں ایسی مری تقدیر کہاں
ترے غم میں تجھ کو بہلاؤں ایسی مری تقدیر کہاں
تری آنکھ کے آنسو پی جاؤں۔۔۔

اے کاش جو مل کر روتے، کچھ درد تو ہلکے ہوتے
بیکار نہ جاتے آنسو، کچھ داغ جگر کے دھوتے
پھر رنج نہ ہوتا اتنا، ہے تنہائی میں جتنا
اب جانے یہ رستا غم کا، ہے اور بھی لمبا کتنا
حالات کی الجھن سلجھاؤں ایسی میری تقدیر کہاں

تری آنکھ کے آنسو پی جاؤں ۔ ۔ ۔ ۔

کیا تیری زلف کا لہرا، ہے اب تک وہی سنہرا
کیا اب تک تیرے در پہ، دیتی ہیں ہوائیں پہرہ
لیکن ہے یہ خام خیالی، تری زلف بنی ہے سوالی
محتاج ہے ایک کلی کی، اک روز تھی پھولوں والی
وہ زلفِ پریشاں مہکاؤں ایسی میری تقدیر کہاں
تری آنکھ کے آنسو پی جاؤں ۔ ۔ ۔
***

آواز: لتا منگیشکر

وہ چپ رہیں تو مرے دل کے داغ جلتے ہیں
جو بات کر لیں تو بجھتے چراغ جلتے ہیں
وہ چپ رہیں تو مرے دل کے داغ جلتے ہیں

کہو بجھیں کہ جلیں
ہم اپنی راہ چلیں یا تمہاری راہ چلیں
کہو بجھیں کہ جلیں
بجھیں تو ایسے کہ جیسے کسی غریب کا دل
کسی غریب کا دل
جلیں تو ایسے کے جیسے چراغ جلتے ہیں
وہ چپ رہیں تو مرے دل کے داغ جلتے ہیں

یہ کھوئی کھوئی نظر

کبھی تو ہوگی یا سدا رہے گی ادھر

یہ کھوئی کھوئی نظر

ادھر تو ایک سلگتا ہوا ہے ویرانہ

ہے ایک ویرانہ

مگر ادھر تو بہاروں میں باغ جلتے ہیں

وہ چپ رہیں تو مرے دل کے داغ جلتے ہیں

جو اشک پی بھی لئے

جو ہونٹ سی بھی لئے، تو ستم یہ کیسے کئے

جو اشک پی بھی لئے

کچھ آج اپنی سناؤ کچھ آج میری سنو

خاموشیوں سے تو دل اور دماغ جلتے ہیں

وہ چپ رہیں تو مرے دل کے داغ جلتے ہیں

***

آواز: طلعت محمود

میں تری نظر کا سرور ہوں تجھے یاد ہو کہ نہ یاد ہو
ترے پاس رہ کے بھی دور ہوں تجھے یاد ہو کہ نہ یاد ہو
میں تری نظر کا سرور ہوں۔۔۔

مجھے آنکھ سے تو گرا دیا کہ و دل سے بھی کیا بھلا دیا
تری عاشقی کا غرور ہوں تجھے یاد ہو کہ نہ یاد ہو
میں تری نظر کا سرور ہوں۔۔۔

تری زلف ہے مرا ہاتھ ہے کہ تو آج بھی میرے ساتھ ہے
ترے دل میں میں بھی ضرور ہوں تجھے یاد ہو کہ نہ یاد ہو
میں تری نظر کا سرور ہوں۔۔۔

***

خاندان

موسیقی : روی

آواز : محمد رفیع

کہیں سے موت کو لاؤ کہ غم کی رات کٹے
مرا ہی سوگ مناؤ کہ غم کی رات کٹے

کرے نہ پیچھا مرا زندگی کو سمجھا دو
کرے نہ پیچھا مرا زندگی کو سمجھا دو
یہ راہ اس کو بھلاؤ کہ غم کی رات کٹے
کہیں سے موت کو لاؤ کہ غم کی رات کٹے

کہو بہاروں سے اب شاخ دل نہ ہوگی ہری
کہو بہاروں سے اب شاخ دل نہ ہوگی ہری
خزاں کے گیت سناؤ کہ غم کی رات کٹے
کہیں سے موت کو لاؤ کہ غم کی رات کٹے

نہ چارہ گر کی ضرورت نہ کچھ دوا کی ہے
نہ چارہ گر کی ضرورت نہ کچھ دوا کی ہے
دعا کو ہاتھ اٹھاؤ کہ غم کی رات کٹے
کہیں سے موت کو لاؤ کہ غم کی رات کٹے

***

آواز : محمد رفیع

کل چمن تھا آج اک صحرا ہوا
دیکھتے ہی دیکھتے یہ کیا ہوا
کل چمن تھا

مجھ کو بربادی کا کوئی غم نہیں
مجھ کو بربادی کا کوئی غم نہیں
غم ہے بربادی کا کیوں چرچا ہوا
کل چمن تھا

ایک چھوٹا سا تھا میرا آشیاں
ایک چھوٹا سا تھا میرا آشیاں
آج تنکے سے الگ تنکا ہوا

کل چمن تھا

سوچتا ہوں اپنے گھر کو دیکھ کر
سوچتا ہوں اپنے گھر کو دیکھ کر
ہو نہ ہو یہ ہے میرا دیکھا ہوا
کل چمن تھا

دیکھنے والوں نے دیکھا ہے دھواں
دیکھنے والوں نے دیکھا ہے دھواں
کس نے دیکھا دل مرا جلتا ہوا
کل چمن تھا
***

آؤ پیار کریں

موسیقی : اوشا کھنا
آواز : لتا منگیشکر

مری داستاں مجھے ہی مرا دل سنا کے روئے
کبھی رو کے مسکرائے کبھی مسکرا کے روئے
مری داستاں مجھے ہی مرا دل سنا کے روئے

ملے غم سے اپنے فرصت تو میں حال پوچھوں ان کا
شب غم سے کوئی کہہ دے کہیں اور جا کے روئے
مری داستاں مجھے ہی مرا دل سنا کے روئے

ہمیں واسطہ تڑپ سے ہمیں کام آنسوؤں سے
تجھے یاد کر کے روئے یا تجھے بھلا کے روئے
مری داستاں مجھے ہی مرا دل سنا کے روئے

وہ جو آزما رہے تھے مری بے قراریوں کو
مرے ساتھ ساتھ وہ بھی مجھے آزما کے روئے
مری داستاں مجھے ہی مرا دل سنا کے روئے
***

نئی روشنی

موسیقی: روی
آواز: محمد رفیع

کس طرح جیتے ہیں یہ لوگ بتا دو یارو
کس طرح جیتے ہیں یہ لوگ بتا دو یارو
ہم کو بھی جینے کا انداز سکھا دو یارو
کس طرح جیتے ہیں یہ لوگ بتا دو یارو

پیار لیتے ہیں کہاں سے یہ زمانے والے
پیار لیتے ہیں کہاں سے یہ زمانے والے
ان گلی کوچوں کا رستہ تو دکھا دو یارو

ان گلی کوچوں کا رستہ تو دکھا دو یارو
کس طرح جیتے ہیں یہ لوگ بتا دو یارو

درد کے نام سے واقف نہ جہاں ہو کوئی
درد کے نام سے واقف نہ جہاں ہو کوئی
ایسی محفل میں ہمیں بھی تو بٹھا دو یارو
ایسی محفل میں ہمیں بھی تو بٹھا دو یارو
کس طرح جیتے ہیں یہ لوگ بتا دو یارو

ساتھ دینا ہو تو خود پینے کی عادت ڈالو
ساتھ دینا ہو تو خود پینے کی عادت ڈالو
ورنہ مے خانہ کے در ہم سے چھڑا دو یارو
کس طرح جیتے ہیں یہ لوگ بتا دو یارو

***

بھروسہ

موسیقی : روی
آواز : محمد رفیع

اس بھری دنیا میں کوئی بھی ہمارا نہ ہوا
غیر تو غیر ہیں اپنوں کا سہارا نہ ہوا
اس بھری دنیا میں۔۔۔

لوگ رو رو کے بھی اس دنیا میں جی لیتے ہیں
لوگ رو رو کے بھی اس دنیا میں جی لیتے ہیں
ایک ہم ہیں کہ ہنسے بھی تو گزارا نہ ہوا
اس بھری دنیا میں۔۔۔

اک محبت کے سوا اور نہ کچھ مانگا تھا
اک محبت کے سوا اور نہ کچھ مانگا تھا
کیا کریں یہ بھی زمانے کو گوارا نہ ہوا
اس بھری دنیا میں۔۔۔

آسماں جتنے ستارے ہیں تری محفل میں
آسماں جتنے ستارے ہیں تری محفل میں
اپنی تقدیر کا ہی کوئی ستارہ نہ ہوا
اس بھری دنیا میں۔۔۔

***

آواز : لتا منگیشکر

وہ دل کہاں سے لاؤں، تری یاد جو بھلا دے
مجھے یاد آنے والے، کوئی راستا بتا دے
وہ دل کہاں سے لاؤں، تری یاد جو بھلا دے

رہنے دے مجھ کو اپنے قدموں کی خاک بن کر
رہنے دے مجھ کو اپنے قدموں کی خاک بن کر
جو نہیں تجھے گوارا، مجھے خاک میں ملا دے
وہ دل کہاں سے لاؤں، تری یاد جو بھلا دے

مرے دل نے تجھ کو چاہا، کیا یہی مری خطا ہے
مرے دل نے تجھ کو چاہا، کیا یہی مری خطا ہے
مانا خطا ہے لیکن ایسی تو نہ سزا دے
وہ دل کہاں سے لاؤں، تری یاد جو بھلا دے
***

شہنائی

موسیقی : روی

آواز : محمد رفیع

اس طرح توڑا مرا دل، کیا مرا دل دل نہ تھا

اس طرح توڑا مرا دل، کیا مرا دل دل نہ تھا

یہ تو کہہ جاتے تمہارے پیار کے قابل نہ تھا

اس طرح توڑا مرا دل، کیا مرا دل دل نہ تھا

آپ کو اپنا سمجھ کر اپنی قسمت سونپ دی

آپ کو اپنا سمجھ کر اپنی قسمت سونپ دی

اپنے ارماں دے دیے، اپنی محبت سونپ دی

اپنی محبت سونپ دی

کس لئے وہ خواب دیکھے، جن سے کچھ حاصل نہ تھا

اس طرح توڑا مرا دل، کیا مرا دل دل نہ تھا

یہ تو کہہ جاتے تمہارے پیار کے قابل نہ تھا

اس طرح توڑا مرا دل، کیا مرا دل دل نہ تھا

جاتے جاتے کچھ گلہ کوئی شکایت نہ ہوئی

جاتے جاتے کچھ گلہ کوئی شکایت نہ ہوئی

ہم بھی راہوں میں پڑے تھے، پر عنایت نہ ہوئی

پر عنایت نہ ہوئی

ایک ٹھوکر ہی لگاتے یہ تو کچھ مشکل نہ تھا

اس طرح توڑا مرا دل کیا مرا دل دل نہ تھا

یہ تو کہہ جاتے تمہارے پیار کے قابل نہ تھا

اس طرح توڑا مرا دل کیا مرا دل دل نہ تھا

★★★

آواز : محمد رفیع

نہ جھٹکو زلف سے پانی یہ موتی ٹوٹ جائیں گے
تمہارا کچھ نہ بگڑے گا مگر دل ٹوٹ جائیں گے
نہ جھٹکو زلف سے پانی

یہ بھیگی رات یہ بھیگا بدن یہ حسن کا عالم
یہ بھیگی رات یہ بھیگا بدن یہ حسن کا عالم
یہ سب انداز مل کر دو جہاں کو لوٹ جائیں گے
نہ جھٹکو زلف سے پانی

یہ نازک لب ہیں یا آپس میں دو لپٹی ہوئی کلیاں
یہ نازک لب ہیں یا آپس میں دو لپٹی ہوئی کلیاں
ذرا ان کو الگ کر دو ترنم پھوٹ جائیں گے

نہ جھٹکو زلف سے پانی

ہماری جان لے لے گا یہ نیچی آنکھ کا جادو
ہماری جان لے لے گا یہ نیچی آنکھ کا جادو
چلو اچھا ہوا مر کر جہاں سے چھوٹ جائیں گے
نہ جھٹکو زلف سے پانی یہ موتی ٹوٹ جائیں گے
تمہارا کچھ نہ بگڑے گا مگر دل ٹوٹ جائیں گے
نہ جھٹکو زلف سے پانی
***

سنگ دل

موسیقی : سجاد

آواز : طلعت محمود

یہ ہوا یہ رات یہ چاندنی تری ایک ادا پہ نثار ہے
مجھے کیوں نہ ہو تری آرزو تری جستجو میں بہار ہے
یہ ہوا یہ رات یہ چاندنی

تجھے کیا خبر ہے او بے خبر تری اک نظر میں ہے کیا اثر
جو غضب میں آئے تو قہر ہے جو ہو مہرباں تو قرار ہے
یہ ہوا یہ رات یہ چاندنی

تری بات بات ہے دل نشیں کوئی تجھ سے بڑھ کے نہیں حسیں

ہیں کلی کلی میں جو مستیاں تری آنکھ کا یہ خمار ہے

یہ ہوا یہ رات یہ چاندنی

***

عدالت

موسیقی : مدن موہن
آواز : لتا منگیشکر

جانا تھا ہم سے دور بہانے بنا لئے
جانا تھا ہم سے دور بہانے بنا لئے
اب تم نے کتنی دور ٹھکانے بنا لئے
جانا تھا ہم سے دور

رخصت کے وقت تم نے جو آنسو ہمیں دئے
رخصت کے وقت تم نے جو آنسو ہمیں دئے
ان آنسوؤں سے ہم نے فسانے بنا لئے

جانا تھا ہم سے دور

دل کو ملے جو داغ جگر کو ملے جو درد

دل کو ملے جو داغ جگر کو ملے جو درد

ان دولتوں سے ہم نے خزانے بنا لئے

جانا تھا ہم سے دور بہانے بنا لئے

اب تم نے کتنی دور ٹھکانے بنا لئے

جانا تھا ہم سے دور

***

آواز : لتا منگیشکر

ان کو یہ شکایت ہے کہ ہم کچھ نہیں کہتے
کچھ نہیں کہتے
اپنی تو یہ عادت ہے کہ ہم کچھ نہیں کہتے
کچھ نہیں کہتے
کچھ نہیں کہتے
ان کو یہ شکایت ہے

مجبور بہت کرتا ہے یہ دل تو زباں کو
مجبور بہت کرتا ہے یہ دل تو زباں کو
کچھ ایسی ہی حالت ہے کہ ہم کچھ نہیں کہتے
کچھ نہیں کہتے
کچھ نہیں کہتے

ان کو یہ شکایت ہے

کہنے کو بہت کچھ تھا اگر کہنے پہ آتے
کہنے کو بہت کچھ تھا اگر کہنے پہ آتے
دنیا کی عنایت ہے کہ ہم کچھ نہیں کہتے
کچھ نہیں کہتے
کچھ نہیں کہتے
ان کو یہ شکایت ہے

کچھ کہنے پہ طوفان اٹھا لیتی ہے دنیا
کچھ کہنے پہ طوفان اٹھا لیتی ہے دنیا
اب اس پہ قیامت ہے کہ ہم کچھ نہیں کہتے
کچھ نہیں کہتے
کچھ نہیں کہتے
ان کو یہ شکایت ہے
***

آواز : لتا منگیشکر

یوں حسرتوں کے داغ محبت میں دھو لئے
خود دل سے دل کی بات کہی اور رو لئے
یوں حسرتوں کے داغ

گھر سے چلے تھے ہم تو خوشی کی تلاش میں
خوشی کی تلاش میں
غم راہ میں کھڑے تھے وہی ساتھ ہو لئے
خود دل سے دل کی بات کہی اور رو لئے
یوں حسرتوں کے داغ

مرجھا چکا ہے پھر بھی یہ دل پھول ہی تو ہے
یہ دل پھول ہی تو ہے

اب آپ کی خوشی اسے کانٹوں میں تولئے
خود دل سے دل کی بات کہی اور رو لئے
یوں حسرتوں کے داغ

ہونٹوں کو سی چکے تو زمانے نے یہ کہا
زمانے نے یہ کہا
یوں چپ سی کیوں لگی ہے اجی کچھ تو بولئے
خود دل سے دل کی بات کہی اور رو لئے
یوں حسرتوں کے داغ محبت میں دھو لئے
خود دل سے دل کی بات کہی اور رو لئے
یوں حسرتوں کے داغ
***

بھائی بھائی

موسیقی : مدن موہن
آواز : گیتا دت

اے دل مجھے بتا دے، تو کس پہ آ گیا ہے
وہ کون ہے جو آ کر، خوابوں پہ چھا گیا ہے
اے دل مجھے بتا دے

مستی بھرا ترانہ، کیوں رات گا رہی ہے
آنکھوں میں نیند آ کر، کیوں دور جا رہی ہے
دل میں کوئی ستمگر، ارماں جگا گیا ہے
وہ کون ہے جو آ کر، خوابوں پہ چھا گیا ہے

اے دل مجھے بتا دے، تو کس پہ آگیا ہے
وہ کون ہے جو آکر، خوابوں پہ چھا گیا ہے
اے دل مجھے بتا دے

بیتاب ہو رہا ہے، یہ دل مچل مچل کے
شاید یہ رات بیتے، کروٹ بدل بدل کے
لل لالل لا۔۔۔
بیتاب ہو رہا ہے، یہ دل مچل مچل کے
شاید یہ رات بیتے، کروٹ بدل بدل کے
اے دل ذرا سنبھل جا، شاید وہ آگیا ہے
وہ کون ہے جو آکر، خوابوں پہ چھا گیا ہے
اے دل مجھے بتا دے

بھیگی ہوئی ہوائیں، موسم بھی ہے گلابی
جا چاند جا ستارے، ہر تیر ہے شرابی

دھیرے سے ایک نغمہ، کوئی سنا گیا ہے
وہ کون ہے جو آ کر، خوابوں پہ چھا گیا ہے
اے دل مجھے بتا دے، تو کس پہ آ گیا ہے
وہ کون ہے جو آ کر، خوابوں پہ چھا گیا ہے
★★★

آواز : محمد رفیع

اپنا ہے پھر بھی اپنا بڑھ کر گلے لگا لے

اچھا ہے یا برا ہے اپنا اسے بنا لے

مت سوچ تیرے دل میں یہ کیسی کشمکش ہے

جو کھینچتی ہے تجھ کو وہ خون کی کشش ہے

پردہ پڑا ہوا ہے جو درمیاں اٹھا لے

اپنا ہے پھر بھی

چپ ہے زبان پھر بھی اپنا لہو پکارے

تم ایک آسماں کے ٹوٹے ہوئے ہو تارے

نظریں تو مل گئی ہیں اب دل سے دل ملا لے

اپنا ہے پھر بھی

***

دیکھ کبیرا رویا

موسیقی : مدن موہن
آواز : طلعت محمود

ہم سے آیا نہ گیا تم سے بلایا نہ گیا
فاصلہ پیار میں دونوں سے مٹایا نہ گیا
ہم سے آیا نہ گیا

وہ گھڑی یاد ہے جب تم سے ملاقات ہوئی
ایک اشارہ ہوا دو ہاتھ بڑھے بات ہوئی
دیکھتے دیکھتے دن ڈھل گیا اور رات ہوئی
وہ سماں آج تلک دل سے بھلایا نہ گیا

ہم سے آیا نہ گیا

کیا خبر تھی کے ملے ہیں تو بچھڑنے کے لئے
قسمتیں اپنی بنائی ہیں بگڑنے کے لئے
پیار کا باغ بسایا تھا اجڑنے کے لئے
اس طرح اجڑا کہ پھر ہم سے بسایا نہ گیا
ہم سے آیا نہ گیا

یاد رک جاتی ہے اور وقت گزر جاتا ہے
پھول کھلتا ہے مگر کھل کے بکھر جاتا ہے
سب چلے جاتے ہیں پھر دردِ جگر جاتا ہے
داغ جو تو نے دیا دل سے مٹایا نہ گیا
ہم سے آیا نہ گیا

***

آواز : لتا منگیشکر

تو پیار کرے یا ٹھکرائے ہم تو ہیں ترے دیوانوں میں
چاہے تو ہمیں اپنا نہ بنا لیکن نہ سمجھ بیگانوں میں
تو پیار کرے یا ٹھکرائے

مرنے سے ہمیں انکار نہیں جیتے ہیں مگر اک حسرت میں
بھولے سے ہمارا نام کبھی آ جائے تیرے افسانوں میں
تو پیار۔۔۔

ملتے ہیں مگر ہولے ہولے جلتے ہیں مگر اک بار نہیں
ہم شمع کا سینہ رکھتے ہیں رہتے ہیں مگر پروانوں میں
تو پیار۔۔۔
***

ایک کلی مسکائی

موسیقی : مدن موہن
آواز : لتا منگیشکر

نہ تم بے وفا ہو، نہ ہم بے وفا ہیں
مگر کیا کریں اپنی راہیں جدا ہیں

جہاں ٹھنڈی ٹھنڈی ہوا چل رہی ہے
کسی کی محبت وہاں جل رہی ہے
زمیں آسمان ہم سے دونوں خفا ہیں
نہ تم بے وفا ہو، نہ ہم بے وفا ہیں

ابھی کل تلک تو محبت جواں تھی
ملن ہی ملن تھا، جدائی کہاں تھی
مگر آج دونوں ہی بے آسرا ہیں
نہ تم بے وفا ہو، نہ ہم بے وفا ہیں

زمانہ کہے میری راہوں میں آ جا
محبت کہے میری باہوں میں آ جا
وہ سمجھے نہ مجبوریاں اپنی کیا ہے
نہ تم بے وفا ہو، نہ ہم بے وفا ہیں
***

انتقام

موسیقی : لکشمی کانت، پیارے لال
آواز : محمد رفیع

جوان کی تمنا ہے، برباد ہو جا

جوان کی تمنا ہے، برباد ہو جا

تو اے دل محبت کی قسمت بنا دے

تڑپ اور تڑپ کر ابھی جان دے دے

یوں مرتے ہیں مر جانے والے، دکھا دے

جوان کی تمنا ہے، برباد ہو جا

نہ ان کا تبسم، تیرے واسطے ہے

نہ تیرے لئے ان کی زلفوں کے سائے
تو بے آس پھر کیوں جئے جا رہا ہے
جوانی میں یہ زندگانی لٹا دے
جواں کی تمنا ہے، برباد ہو جا

ستم یا کرم حسن والوں کی مرضی
یہی سوچ کر کوئی شکوہ نہ کرنا
ستم گر سلامت رہے حسن تیرا
یہی اس کو مٹنے سے پہلے دعا دے
جواں کی تمنا ہے، برباد ہو جا
★★★

میں چپ رہوں گی

موسیقی : چترگپت
آواز : محمد رفیع

میں کون ہوں، میں کہاں ہوں، مجھے یہ ہوش نہیں
کدھر میں آج رواں ہوں، مجھے یہ ہوش نہیں
میں کون ہوں، ۔۔۔

مجھے نہ ہاتھ لگاؤ کے مر چکا ہوں میں
مجھے نہ ہاتھ لگاؤ کے مر چکا ہوں میں
خود اپنے ہاتھ سے یہ خون کر چکا ہوں میں

پھر آج کیسے یہاں ہوں، مجھے یہ ہوش نہیں
کدھر میں آج رواں۔۔۔

میں اپنی لاش اٹھائے یہاں چلا آیا
میں اپنی لاش اٹھائے یہاں چلا آیا
کوئی بس اتنا بتا دے کہاں چلا آیا
یہ کیا جگہ ہے جہاں ہوں، مجھے یہ ہوش نہیں
کدھر میں آج رواں۔۔۔

کوئی نہ آئے یہاں یہ مزار میرا ہے
کوئی نہ آئے یہاں یہ مزار میرا ہے
کھڑا ہوں، کب سے مجھے انتظار میرا ہے
یہ کیا کہاں میں یہاں ہوں، مجھے یہ ہوش نہیں
کدھر میں آج رواں

***

آوازیں : لتا منگیشکر، محمد رفیع

لتا : کوئی بتا دے دل ہے جہاں

کیوں ہوتا ہے درد وہاں

رفیع : تیر چلا کے یہ تو نہ پوچھو

دل ہے کہاں اور درد کہاں

لتا : جانے رات کو آنکھوں سے

نیند کہاں اڑ جاتی ہے

رفیع : اپنے گھر میں غیر کو پا کر

بے چاری مڑ جاتی ہے

رفیع : جب ہو خلش سی پہلو میں

سمجھو پیار نے کام کیا
لتا : ایسے پیار کو کیا کہیئے
کہ جس نے بے آرام کیا

لتا : دل پہ ایسی کیا گزری
گھڑی گھڑی یہ گھبرائے
رفیع : میں تو کسی کا ہو بیٹھا
بار بار یہ سمجھائے

لتا : کوئی بتا دے دل ہے جہاں
کیوں ہوتا ہے درد وہاں
رفیع : تیر چلا کے یہ تو نہ پوچھو
دل ہے کہاں اور درد کہاں

***

آواز : محمد رفیع

خوش رہو اہل چمن ہم تو چمن چھوڑ چلے
خوش رہو اہل چمن
خاک پردیس کی چھانیں گے وطن چھوڑ چلے
خوش رہو اہل چمن ---

بھول جانا ہمیں ہم یاد کے قابل ہی نہیں
بھول جانا ہمیں ہم یاد کے قابل ہی نہیں
کیا پتہ دیں کہ ہماری کوئی منزل ہی نہیں
اپنی تقدیر کے دریا کا تو ساحل ہی نہیں
خوش رہو اہل چمن ---

کوئی بھولے سے ہمیں پوچھے تو سمجھا دینا

کوئی بھولے سے ہمیں پوچھے تو سمجھا دینا
ایک بجھتا ہوا دیپک اسے دکھلا دینا
آنکھ جو اسکی چھلک جائے تو بہلا دینا
خوش رہو اہل چمن۔۔۔

روز جب رات کے آنچل میں ستارے ہوں گے
روز جب رات کے آنچل میں ستارے ہوں گے
یہ سمجھ لینا کہ وہ اشک ہمارے ہوں گے
اور کس حال میں ہم درد کے مارے ہوں گے
خوش رہو اہل چمن۔۔۔
***

آوازیں : محمد رفیع ، لتا منگیشکر

رفیع : چاند جانے کہاں کھو گیا
چاند جانے کہاں کھو گیا
تم کو چہرے سے پردہ ہٹانا نہ تھا
لتا : چاندنی کو یہ کیا ہو گیا
چاندنی کو یہ کیا ہو گیا
تم کو بھی اس طرح مسکرانا نہ تھا
چاند جانے کہاں کھو گیا

رفیع : پیار کتنا جواں ، رات کتنی حسیں
آج چلتے ہوئے تھم گئی ہے زمیں
آنکھ تاریں جھپکنے لگے
ایسی الفت کا جادو جگانا نہ تھا

چاند جانے کہاں کھو گیا

لتا : پیار میں بے خبر، ہم کہاں آ گئے
میری آنکھوں میں سپنے سے کیوں چھا گئے
دو دلوں کی ہے منزل یہاں
تم نہ آتے تو ہم کو بھی آنا نہ تھا
چاند جانے کہاں کھو گیا
***

پوجا کے پھول

موسیقی : مدن موہن
آواز : لتا منگیشکر

میری آنکھوں سے کوئی نیند لیئے جاتا ہے
دور سے پیار کا پیغام دیئے جاتا ہے
میری آنکھوں سے کوئی نیند لیئے جاتا ہے

رات بھر جاگیں گے ہم ، تم سے چھپ چھپ کے صنم
رات بھر جاگیں گے ہم ، تم سے چھپ چھپ کے صنم
آنکھ جھپکیں نہ کبھی ، چاند تاروں کی قسم
دل مرا آج یہ اقرار کیئے جاتا ہے

میری آنکھوں سے کوئی نیند لئے جاتا ہے

بات جوان سے چلی، وہ ادھر آ کے رکی
بات جوان سے چلی، وہ ادھر آ کے رکی
نام جب ان کا لیا، ایک خوشبو سی اڑی
اک تصور ہے جو مدہوش کئے جاتا ہے
میری آنکھوں سے کوئی نیند لئے جاتا ہے

***

پڑوسن

موسیقی : راہل دیوبرمن
آواز : کشور کمار

مرے سامنے والی کھڑکی میں اک چاند کا ٹکڑا رہتا ہے
افسوس یہ ہے کہ وہ ہم سے کچھ اکھڑا اکھڑا رہتا ہے
مرے سامنے والی کھڑکی میں اک چاند کا ٹکڑا رہتا ہے

جس روز سے دیکھا ہے اس کو ہم شمع جلانا بھول گئے
دل تھام کے ایسے بیٹھے ہیں کہیں آنا جانا بھول گئے
اب آٹھ پہر ان آنکھوں میں وہ چنچل مکھڑا رہتا ہے
مرے سامنے والی کھڑکی میں اک چاند کا ٹکڑا رہتا ہے

برسات بھی آ کر چلی گئی بادل بھی گرج کر برس گئے

پر اس کی ایک جھلک کو ہم اے حسن کے مالک ترس گئے
کب پیاس بجھے گی آنکھوں کی دن رات یہ دکھڑا رہتا ہے
مرے سامنے والی کھڑکی میں اک چاند کا ٹکڑا رہتا ہے

***

آواز : لتا منگیشکر

شرم آتی ہے مگر آج یہ کہنا ہوگا
اب ہمیں آپ کے قدموں ہی میں رہنا ہوگا
شرم آتی ہے مگر

آپ سے روٹھ کے ہم جتنا جئے خاک جئے
آپ سے روٹھ کے ہم جتنا جئے خاک جئے
کئی الزام لئے اور کئی الزام دئے
آج کے بعد مگر کچھ بھی نہ کہنا ہوگا
شرم آتی ہے مگر

دیر کے بعد یہ سمجھے کہ محبت کیا ہے
دیر کے بعد یہ سمجھے کہ محبت کیا ہے

اب ہمیں چاند کے جھومر کی ضرورت کیا ہے
پیار سے بڑھ کے بھلا کون سا گہنا ہوگا
شرم آتی ہے مگر

آپ کے پیار کا بیمار ہمارا دل ہے
آپ کے پیار کا بیمار ہمارا دل ہے
آپ کے غم کا خریدار ہمارا دل ہے
آپ کو اپنا کوئی درد نہ سہنا ہوگا
شرم آتی ہے مگر
***

نئی روشنی

موسیقی : روی

آواز : محمد رفیع

جتنی لکھی تھی مقدر میں ہم اتنی پی چکے
اب تو دن مرنے کے ہیں جینا تھا جتنا جی چکے
جتنی لکھی تھی مقدر میں

اے زمانے اب نہ آنا ہم کو سمجھانے کبھی
اپنی کہہ لی سب کی سن لی ہونٹ اب تو سی چکے
جتنی لکھی تھی مقدر میں

اب ہماری خشک آنکھوں میں نہ کچھ ڈھونڈھے کوئی
اشک جتنے ان میں تھے ہم پی چکے ہم پی چکے

جتنی لکھی تھی مقدر میں

گھر سے بے گھر ہو گئے اب گھر کی یاد آئے تو کیوں
زندگی پیچھا نہ کر ہم جی چکے ہم جی چکے
جتنی لکھی تھی مقدر میں
***

فلم چمپا

موسیقی : ہیمنت کمار
آواز : لتا منگیشکر

چھپ گیا کوئی رے دور سے پکار کے
درد انوکھے ہائے دے گیا پیار کے

آج ہے سونی سونی دل کی یہ گلیاں
بن گئیں کانٹے میری خوشیوں کی کلیاں
پیار بھی کھویا میں نے سب کچھ ہار کے
درد انوکھے ہائے دے گیا پیار کے

انکھیوں سے نیند گئی منوا سے چین رے
چھپ چھپ روئے میرے کھوئے کھوئے نین رے
ہائے یہی تو میرے دن تھے سنگھار کے
درد انوکھے ہائے دے گیا پیار کے

***

ساقی

موسیقی: سی رام چندر
آوازیں: طلعت محمود لتا منگیشکر

کسے معلوم تھا اک دن محبت بے زباں ہوگی
وہ ظالم آسماں جانے مری دنیا کہاں ہوگی
کسے معلوم تھا اک دن محبت بے زباں ہوگی

کبھی اک خواب دیکھا تھا مرے پہلو میں تم ہوگی
کہانی پیار کی آنکھوں ہی آنکھوں میں بیاں ہوگی
کسے معلوم تھا اک دن محبت بے زباں ہوگی

لہو دل کا مری آنکھوں کا پانی بن کے کہتا ہے
نہ ہم ہوں گے نہ تم ہوگے ہماری داستاں ہوگی
کسے معلوم تھا اک دن محبت بے زباں ہوگی

***

بہار

موسیقی : سچن دیو برمن

آواز : طلعت محمود

اے زندگی کے راہی ہمت نہ ہار جانا
بیتے گی رات غم کی بدلے گا یہ زمانہ
اے زندگی کے راہی

کیوں رات کی سیاہی تجھ کو ڈرا رہی ہے
ہارے ہوئے مسافر منزل بلا رہی ہے
بس جائے گا کسی دن اجڑا جو آشیانہ
بیتے گی رات غم کی

ہاتھوں سے تیرے دامن امید کا نہ چھوٹے
دم ٹوٹ جائے لیکن ہمت کبھی نہ ٹوٹے
مرنے میں کیا دھرا ہے جینے کا کر بہانا
بیتے گی رات غم کی
اے زندگی کے راہی ہمت نہ ہار جانا
بیتے گی رات غم کی بدلے گا یہ زمانا
اے زندگی کے راہی

***

آزاد

موسیقی : سی رام چندر
آوازیں : چتلکر (سی رام چندر)، لتا منگیشکر

لتا : کتنا حسیں ہیں موسم، کتنا حسیں سفر ہے
چتلکر : ساتھی ہے خوبصورت، یہ موسم کو بھی خبر ہے
کتنا حسیں۔۔۔

چتلکر : ملتی نہیں ہیں منزل، راہی جو ہوا کیلا
دو ہوں تو پھر جہاں بھی، چاہے لگا لو میلہ
دل مل گئے تو پھر کیا، جنگل بھی ایک گھر ہے
ساتھی ہے خوبصورت، یہ موسم کو بھی خبر ہے
کتنا حسیں۔۔۔

لتا : نہ جانے یہ ہوائیں کیا کہنا چاہتی ہیں
نہ جانے یہ ہوائیں کیا کہنا چاہتی ہیں
پنچھی تیری صدائیں کیا کہنا چاہتی ہیں
پنچھی تیری صدائیں کیا کہنا چاہتی ہیں
کچھ تو ہے آج جس کا، ہر چیز پر اثر ہے
چتلکر : ساتھی ہے خوبصورت، یہ موسم کو بھی خبر ہے
کتنا حسیں۔۔۔

چتلکر : قدرت یہ کہہ رہی ہے، آ دل سے دل ملا لے
قدرت یہ کہہ رہی ہے، آ دل سے دل ملا لے
الفت سے آگ لے کر، دل کا دیا جلا لے
سچی اگر لگن ہے، پھر کس کا تجھ کو ڈر ہے
ساتھی ہے خوبصورت، یہ موسم کو بھی خبر ہے
کتنا حسیں۔۔۔

***

البیلا

موسیقی : سی رام چندر
آوازیں؛ چتلکر (سی رام چندر)، لتا منگیشکر

دھیرے سے آجا ری انکھین میں
نندیا آجا ری آجا، دھیرے سے آجا
چھوٹے سے نینن کی بگین میں
نندیا آجا ری آجا، دھیرے سے آجا

او۔۔۔
لے کر سہانے سپنوں کی کلیاں، سپنوں کی کلیاں
آکے بسا دے پلکوں کی گلیاں، پلکوں کی گلیاں

پلکوں کی چھوٹی سی گلین میں
نندیا آ جا ری آ جا، دھیرے سے آ جا
دھیرے سے۔۔۔

او۔۔۔
تاروں سے چھپ کر تاروں سے چوری، تاروں سے چوری
دیتی ہے رجنی چندا کو لوری، چندا کو لوری
ہنستا ہے چندا بھی نندین میں
نندیا آ جا ری آ جا، دھیرے سے آ جا
دھیرے سے۔۔۔

دھیرے سے آ جا ری انکھین میں
نندیا آ جا ری آ جا، دھیرے سے آ جا
چھوٹے سے نینن کی بگین میں
نندیا آ جا ری آ جا، دھیرے سے آ جا

★★★

او۔۔۔

آنکھیں تو سب کی ہیں اک جیسی
جیسی امیروں کی، غریبوں کی ویسی
پلکوں کی سونی سی گلین میں
نندیا آجا ری آجا، دھیرے سے آجا
دھیرے سے۔۔۔

او۔۔۔

جگتی ہے انکھیاں سوتی ہے قسمت، سوتی ہے قسمت
دشمن غریبوں کی ہوتی ہے قسمت، ہوتی ہے قسمت
دم بھر غریبوں کی کٹیں میں
نندیا آجا ری آجا، دھیرے سے آجا
دھیرے سے

***